AF135862

BEI GRIN MACHT SICH IHR
WISSEN BEZAHLT

- Wir veröffentlichen Ihre Hausarbeit,
  Bachelor- und Masterarbeit

- Ihr eigenes eBook und Buch -
  weltweit in allen wichtigen Shops

- Verdienen Sie an jedem Verkauf

Jetzt bei www.GRIN.com hochladen
und kostenlos publizieren

Sportanlagen- und Sportstättenmanagement. Ihr Bau, Sportentwicklungsplanung, Finanzierung, Betrieb, sowie die digitale Vermarktung

Nathalie Wittmann

Bibliografische Information der Deutschen Nationalbibliothek:

Die Deutsche Nationalbibliothek verzeichnet diese Publikation in der Deutschen Nationalbibliografie; detaillierte bibliografische Daten sind im Internet über http://dnb.d-nb.de abrufbar.

ISBN: 9783346453310
Dieses Buch ist auch als E-Book erhältlich.

© GRIN Publishing GmbH
Nymphenburger Straße 86
80636 München

Druck und Bindung: Books on Demand GmbH, Norderstedt Germany
Gedruckt auf säurefreiem Papier aus verantwortungsvollen Quellen

Das vorliegende Werk wurde sorgfältig erarbeitet. Dennoch übernehmen Autoren und Verlag für die Richtigkeit von Angaben, Hinweisen, Links und Ratschlägen sowie eventuelle Druckfehler keine Haftung.

Das Buch bei GRIN: https://www.grin.com/document/1030569

Deutsche Hochschule für

Prävention und Gesundheitsmanagement

Einsendeaufgabe

Fachmodul: Sportanlagen- und Sportstättenmanagement

Studiengang: Sportökonomie

Datum
Präsenzphase: 04.05.2020-07.05.2020

Name, Vorname: Wittmann, Nathalie

Studienort: **Stuttgart**

Semester: **Wintersemester 2017**

Inhaltsverzeichnis

1 Sportanlagen- und Sportstättenbau

Im Folgenden werden die Schritte beim Bau einer Sportstätte in Form eines PLANNET-Diagrammes sowie eines Netzplanes grafisch dargestellt. In der nachfolgenden Tabelle sind die verschiedenen Vorgänge in der Reihenfolge zu erkennen, in der die Vorgänge stattfinden. Die Tabelle liefert hierzu die notwendigen Informationen zur Erstellung der beiden Grafiken.

Tab. 1: Schritte beim Bau einer Sportstätte (eigene Darstellung)

Nr.	Vorgang	Zeitbedarf (in Monaten)	Vorgänger	Nachfolger
A	Markt- und Bedarfsanalyse	2	-	B, C
B	Standortwahl	1	A	D
C	Sportverhaltens- und Nutzeranalyse	3	A	D
D	Raumprogramm und Funktionsanalyse	1	B, C	E
E	Konzeptualisierung mit Kostenschätzung und Betriebskostenanalyse	4	D	F
F	Machbarkeit und Finanzierung klären	6	E	G
G	Planung und Festlegung der Baudetails	8	F	H
H	Realisierung des Baus	14	G	I
I	Betrieb der Sporthalle	>12	H	-

1.1 PLANNET-Diagramm

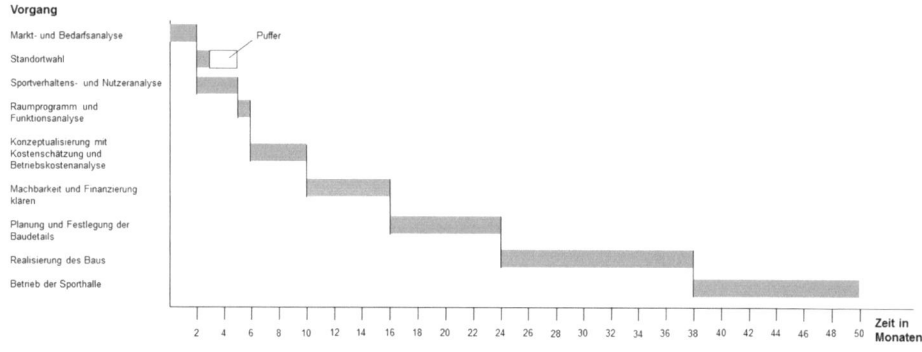

Abb. 1: PLANNET-Diagramm Schritte Sportstättenbau (eigene Darstellung)

3

1.2 Netzplantechnik

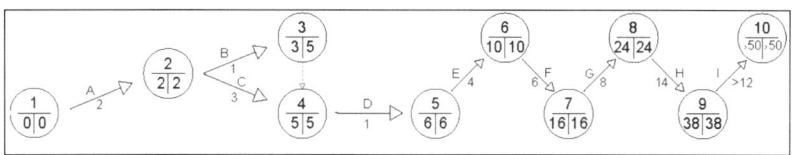

Abb. 2: Netzplan Schritte Sportstättenbau (eigene Darstellung)

Anhand des PLANNET-Diagrammes und des Netzplanes ist zu erkennen, dass frühestens nach 38 Monaten mit dem Betrieb der Sporthalle begonnen werden kann.

2 Kommunale Sportentwicklungsplanung

2.1 Grundformel zur Berechnung des Sportstättenbedarfs

Die folgende Formel (vgl. Bundesinstitut für Sportwissenschaft, 2000) wird zu der Berechnung des Sportstättenbedarfs benötigt

$$\frac{Sportbedarf(Sportler*H\ddot{a}ufigkeit*Dauer)*Zuordnungsfaktor}{Belegungsdichte*Nutzungsdauer*Auslastungsfaktor} = Sportst\ddot{a}ttenbedarf$$

Um den Sportstättenbedarf zu berechnen, muss zuerst der Sportbedarf errechnet werden. Dieser setzt sich aus den Parametern Sportler, Häufigkeit sowie Dauer zusammen. Als Sportler wird jede Person, welche die Sportstätte zum Sport nutzen möchte, bezeichnet. Unter der Häufigkeit versteht man, wie häufig die sportausübenden Personen die Sportstätte in der Woche nutzen. Die Dauer ist die durchschnittliche Zeit, in der die Sportler ihre Sportart ausüben.

Der Zuordnungsfaktor ermittelt den Wert der jeweiligen Anteile der Sportaktivitäten innerhalb einer bestimmten Sportanlagenart. Der Wert des Zuordnungsfaktor liegt immer zwischen null und eins und die Werte können zum Sommer- und Winterzeitpunkt unterschiedlich sein.

Die Belegungsdichte gibt die Anzahl der Sportler an, welche die Sportstätte gleichzeitig zur Ausübung ihrer jeweiligen Sportart nutzen können. Unter der Nutzungsdauer versteht man die Anzahl der Stunden pro Woche (Montag bis Freitag), in der die Sportstätte zur

4

Ausübung der Sportarten genutzt werden kann. Der Auslastungsfaktor bestimmt das Verhältnis von der tatsächlichen zur maximalen Auslastung einer Sportanlage. „Er muss u.a. die Besonderheiten der jeweiligen Sportart mitberücksichtigen." (Hübner & Wulf, 2015)

2.2 Berechnung des Sportstättenbedarfs

Zur Berechnung des Sportbedarfs sowie zur Berechnung des Auslastungsfaktors sind die nachfolgenden Daten enthalten.

Tab. 2: Daten zur Berechnung des Sportstättenbedarfs (eigene Darstellung)

Sportler	Häufigkeit (je Woche)	Dauer (Std./Einheit)	Zuordnungsfaktor	Sportstättenbedarf	Belegungsdichte	Nutzungsdauer
24.000	1,5	1,8	0,5	70	25	30

Bevor der Auslastungsfaktor der Sportanlage berechnet werden kann, muss zunächst der Sportbedarf der Sportstätte durch die nachfolgende Formel berechnet werden.

Sportbedarf = Sportler * Häufigkeit * Dauer

Sportbedarf = 24.000 * 1,5 * 1,8

Sportbedarf = 64.800

Der Sportbedarf der Stadt Mannheim liegt für den Fußballsport bei 64.800.

Nun wird mit der Grundformel zur Berechnung des Sportstättenbedarf der Auslastungsfaktor der Sportstätte berechnet.

(64.800 * 0,5) / (25 * 30 * Auslastungsfaktor) = 70

32.400 / (750 * Auslastungsfaktor) = 70 | * (750 * Auslastungsfaktor)

32.400 = 52.500 * Auslastungsfaktor | / 52.500

0,62 = Auslastungsfaktor

Der Auslastungsfaktor der Stadt Mannheim liegt für den Fußballsport bei 0,62.

2.3 Förderinteressenten

Im Folgenden werden die Förderinteressen des Bundes, der Bundesländer und Kommunen sowie das Förderinteresse privater Investoren und auch Public Private Partnerships aufgezeigt. Anhand dieser Erörterung wird dann zu der Aussage „Während die Bundesregierung ausschließlich den Breitensport fördert, besitzen die Bundesländer und Kommunen lediglich Förderinteresse am Spitzensport." Stellung genommen.

Das Förderinteresse des Bundes liegt vor allem darin, den Spitzensport in Deutschland zu fördern. Ein großer Teil der Fördermittel des Bundes „fließt in den Bau von Sportstätten für den Spitzensport" (Deutscher Bundestag, 2008). Für die Spitzensportfachverbände werden ideale Wettkampfbedingungen geschaffen, um die Stellung von Deutschland im internationalen Sport zu sichern und somit Ansehen zu erlangen (Bundesministerium des Innern, für Bau und Heimat, o.J.). Da in Deutschland genügend Sportanlagen vorhanden sind, unterstützt der Bund das Bauen von neuen Sportstätten grundsätzlich nicht, außer es wird durch eine begründete Ausnahme genehmigt.

Der Breitensport wird vom deutschen Bund nicht gefördert. Einzig zu erwähnen ist der „goldene Plan Ost", bei dem nach der Wiedervereinigung der Bundesrepublik Deutschland der bundesweite Neubau von Sportstätten und Sportanlagen gefördert wurde. „Im Zeitraum von 1999 bis 2007 flossen 67 Mio. Euro Bundesmittel in den Bau von Sporthallen, Sportplätzen und Bädern". (Deutscher Bundestag, 2008)

Die Förderinteressen der Bundesländer und Kommunen hingegen liegen in der Förderung des Breitensports. Sie sehen die Sportförderung als eine gesamtstaatliche Aufgabe, bei der für jeden die gleichen Bedingungen geschaffen werden sollen, um den Sport ausüben zu können.

Ein Beispiel hierzu liefert das Bundesland Nordrhein-Westfalen mit einem einzigartigen Förderprogramm. Das Sportstättenförderprogramm „Moderne Sportstätte 2022" stellt bis 2022 insgesamt 300 Millionen Euro zur Modernisierung und Sanierung von Sportstätten, die sich im Eigentum von Sportverbänden oder Sportvereinen befinden, zur Verfügung. (Staatskanzlei des Landes Nordrhein-Westfalen, 2019)

Auch private Investoren und Public Private Partnerships auch PPP abgekürzt, sind wichtige Förderinteressen für den Sport. Bei privaten Investoren ist das Förderinteresse abhängig von der Sportstätte. Bei kommunalen Sportstätten wird der Investor als Geldgeber gesehen, bei gewerblichen Sportstätten liegt meist ein betriebswirtschaftliches Interesse der Investoren vor. Die PPP haben das Ziel, durch eine langfristige Zusammenarbeit Projekte effizienter zu realisieren. (Christen, 2004, S.51)

Abschließend kann der Aussage „Während die Bundesregierung ausschließlich den Breitensport fördert, besitzen die Bundesländer und Kommunen lediglich Förderinteresse am Spitzensport." nicht zugestimmt werden. Wie oben erläutert liegt das Förderinteresse der Bundesregierung lediglich im Spitzensport, während auf kommunaler Ebene vor Allem der Breitensport gefördert wird.

3 Finanzierung und Betrieb von Sportanlagen

3.1 Investition und Finanzierung

In der folgenden Tabelle werden die Betriebsinstandhaltungskosten und somit die Ausgaben der Sportanlage für die nächsten fünf Jahre berechnet.

Tab. 3: Berechnung Betriebsinstandhaltungskosten (eigene Darstellung)

		Mit 3% Anstieg
Betriebsinstandhaltungskosten nach Jahr 1	100.000,00 €	-
Betriebsinstandhaltungskosten nach Jahr 2	100.000,00 €	103.000,00 €
Betriebsinstandhaltungskosten nach Jahr 3	103.000,00 €	106.090,00 €
Betriebsinstandhaltungskosten nach Jahr 4	106.090,00 €	109.272,70 €
Betriebsinstandhaltungskosten nach Jahr 5	109.272,70 €	112.550,88 €

Als nächstes werden die Mehreinnahmen, die durch die steigenden Mitgliederzahlen, die Spieltageinnahmen und die Einnahmen aus Sponsoringverträgen eingenommen werden, für die nächsten fünf Jahre berechnet.

Tab. 4: Berechnung Mehreinnahmen (eigene Darstellung)

	Brutto	Nach 15% Anstieg	Netto
Mehreinnahmen nach Jahr 1	60.000,00 €	In Jahr eins keiner	50.420,17 €
Mehreinnahmen nach Jahr 2	60.000,00 €	69.000,00 €	57.983,19 €
Mehreinnahmen nach Jahr 3	69.000,00 €	79.350,00 €	66.680,67 €
Mehreinnahmen nach Jahr 4	79.350,00 €	91.252,50 €	76.682,77 €
Mehreinnahmen nach Jahr 5	91.252,50 €	104.940,38 €	88.185,19 €

Nachdem die Mehreinnahmen sowie die Betriebsinstandhaltungskosten berechnet wurden, werden die Barwerte sowie die Summe der Barwerte für die Sportanalage ermittelt.

Tab. 5: Berechnung der Barwerte (eigene Darstellung)

	Einnahme Nutzung Sporthalle in Euro	Mehreinnahmen in Euro	Betriebsinstandhaltungskosten in Euro	Abzinsungsfaktor	Barwerte in Euro
Berechnung Barwert Jahr 1	(12.000 +	50.420,17-	100.000) *	$(1+0,12)^{-1}$ =	-33.553,42
Berechnung Barwert Jahr 2	(12.000 +	57.983,19 -	103.000) *	$(1+0,12)^{-2}$ =	-26.320,80
Berechnung Barwert Jahr 3	(12.000 +	66.680,67 -	106.090) *	$(1+0,12)^{-3}$ =	-19.509,42
Berechnung Barwert Jahr 4	(12.000 +	76.682,77 -	109.272,70) *	$(1+0,12)^{-4}$ =	-13.085,27
Berechnung Barwert Jahr 5	(12.000 +	88.185,19 -	112.550,88) *	$(1+0,12)^{-5}$ =	-7.016,62
Summe Barwerte					**-99.485,53**

Die Summe der Barwerte der ersten fünf Jahre beträgt -99.485,53 Euro. Mit der Summe der Barwerte lässt sich der Kapitalwert der Sportanlage nach den ersten fünf Jahren wie folgt berechnen: Kapitalwert = Anschaffungskosten + Summe Barwerte * Liquidationserlös zum Ende der Nutzungsdauer. Da es in diesem Fall keinen Liquidationserlös gibt, wird diese Variable weggestrichen.

Kapitalwert = -3.000.000,00 € - 99.485,53€ = 3.099.485,53 €

Somit liegt der Kapitalwert der Sportanlage nach den ersten fünf Jahren bei -3.099.485,53 Euro.

3.2 Auslastungsanalyse einer Sportanlage

Bei der Auslastungsanalyse müssen zuerst die Ist-Nutzungsdauer sowie die Soll-Nutzungsdauer der Sportanlage betrachtet werden. Unter der „Ist-Nutzungsdauer" versteht man die tatsächlich genutzte Dauer der Sportanlage in Stunden pro Woche. Die „Soll-

Nutzungsdauer" beschreibt die Anzahl der Stunden aller möglichen Nutzungszeiträume der Sportanlage. Um die „Ist-Nutzungsdauer" zu berechnen, werden die Stunden, in der die Sporthalle täglich belegt ist, addiert. Für die „Soll-Nutzungsdauer" werden alle Stunden der Belegungszeiträume, inklusive der Belegungszeiten, in denen keine Belegung ist, addiert.

Danach werden die Parameter „Ist-Sportler-Stunden insgesamt" sowie „Soll-Sportler-Stunden insgesamt" berechnet. Der Parameter „Ist-Sportlerstunden" gibt an, wie viele Stunden alle Sportler in der Sportanlage Sport ausüben. Die „Soll-Sportlerstunden" geben an, wie viele Stunden alle Sportler gemeinsam maximal zur Sportausübung nutzen können. Die „Ist-Sportlerstunden insgesamt" ergeben sich aus der Summe der Nutzungszeiträumen multipliziert mit der jeweiligen „Ist-Belegungsdichte". Die „Ist-Belegungsdichte" ist die Anzahl der gleichzeitig anwesenden Sportler nach Sportart. Die „Soll-Sportlerstunden insgesamt" hingegen ergeben sich aus der Summe der Nutzungszeiträumen multipliziert mit der jeweiligen „Soll-Belegungsdichte". Die „Soll-Belegungsdauer" ist demnach die Anzahl der gleichzeitig möglichen anwesenden Sportler nach Sportart.

Die Auslastung der Sportanlage lässt sich berechnen, in dem man die „Ist-Sportlerstunden pro Woche mit dem Faktor 100 multipliziert und das Produkt durch die „Soll-Sportlerstunden pro Woche" dividiert.

$$Auslastung = \frac{Ist - Sportlerstunden\ pro\ Woche * 100}{Soll - Sportlerstunden\ pro\ Woche}$$

Tab. 6: Rechnungen zur Auslastung der Sportanlage (eigene Darstellung)

Berechnung			Belegungsdichte (Spo/A)	
Belegungszeitraum	Stunden	Sportart	Ist	Soll
Montag 17:00-18:00 Uhr	1,5	Handball	14	12
Dienstag 20:00-21:30 Uhr	1,5	Keine Belegung	-	15
Mittwoch 19:00-21:30 Uhr	2,5	Basketball	15	20
Donnerstag 20:00-22:00 Uhr	2	Fußball	18	15
Freitag 19:00-20:00 Uhr	1	Badminton	5	15
			Auslastung	
			Ist	Soll
Ist-Nutzungsdauer insgesamt (Std/Wo)			7	
Soll-Nutzungsdauer insgesamt (Std/Wo)				8,5
Ist-Sportler insgesamt (Spo)			52	
Soll-Sportler insgesamt (Spo)				77
Ist-Sportlerstunden insgesamt (Spo x Std/Wo)			99,5	
Soll-Sportlerstunden insgesamt (Spo x Std/Wo)				135,5
Auslastung in %			73,43 %	

> Ist-Sportlerstunden insgesamt = (14*1,5) + (15*1,5) + (18*2) + (5*1) = **99,5**
> Soll-Sportlerstunden insgesamt = (12*1,5) + (15*1,5) + (20*2,5) + (15*2) + (15*1) = **135,5**
> Auslastung = (Ist-Sportlerstunden pro Woche x 100) / Soll-Sportlerstunden pro Woche
> Auslastung = (99,5*100) / 135,5 = **73,43 %**

Die maximale Nutzungskapazität liegt bei 83 Prozent und somit ist eine Kapazitätsreserve von 9,57 Prozent vorhanden. Eine Auslastung von 100 Prozent ist nahezu unmöglich, da nicht jeder Sportler zu einer bestimmten Uhrzeit und einem bestimmten Tag trainieren kann und möchte.

3.3 Auslastungsoptimierung

Um eine höhere Auslastung der Sportanlage zu erzielen, müssen einige Optimierungen vorgenommen werden.

Im Bereich Handball ist die Ist-Belegungsdichte von 14 bereits über der Soll-Belegungsdichte von 12. Aus diesem Grund ist es sinnvoll die Sportart Handball auf den Dienstag zu verlegen, an dem eine höhere Soll-Belegungsdichte von 15 vorhanden ist. Demnach kann der Bereich Badminton, von einer Ist-Belegungsdichte von 5, auf den Montag, mit einer Soll-Belegungsdichte von 12, gezogen werden. Dadurch steigt die Nutzungsdauer im Bereich Badminton von einer auf eineinhalb Stunden.

Da im Bereich Fußball die Ist-Belegungsdichte mit 18 bereits höher ist als die Soll-Bewegungsdichte von 15 ist, wird Fußball auf den Mittwoch, mit einer Belegungsdichte von 20 gelegt.

Der Bereich Basketball wird dann auf den Donnerstag eingeplant, somit ist dort eine Ist-Belegungsdichte von 15 erreicht, die mit der Soll-Belegungsdichte übereinstimmt.

Der Freitag bleibt belegungsfrei, da hier nur eine Belegungszeit von einer Stunde vorgesehen ist und dadurch die Ist-Nutzungsdauer der Sportanlage um eine halbe Stunde erhöht wird.

Nachfolgend wir die neue Ist-Auslastung unter den oben genannten Optimierungen berechnet.

Tab. 7: Rechnungen zur optimierten Auslastung der Sportanlage (eigene Darstellung)

Berechnung der neuen Ist-Auslastung	Auslastung	
	Ist	Soll
Ist-Nutzungsdauer insgesamt (Std/Wo)	7,5	
Soll-Nutzungsdauer insgesamt (Std/Wo)		8,5
Ist-Sportler insgesamt (Spo)	52	
Soll-Sportler insgesamt (Spo)		77
Ist-Sportlerstunden insgesamt (Spo x Std/Wo)	103,5	
Soll-Sportlerstunden insgesamt (Spo x Std/Wo)		135,5
Auslastung in %	76,38 %	
Auslastung = (Ist-Sportlerstunden pro Woche x 100) / Soll-Sportlerstunden pro Woche		
Ist-Sportlerstunden insgesamt = (5 * 1,5) + (14*1,5) + (18*2,5) + (15*2) = **103,5**		
Soll-Sportlerstunden insgesamt = (12*1,5) + (15*1,5) + (20*2,5) + (15*2) + (15*1) = **135,5**		
Auslastung = (103,5*100) / 135,5 = **76,38 %**		

Die neue Ist-Auslastung beträgt nach den oben genannten Optimierungen 76,38 Prozent und erhöht sich somit um fast drei Prozent. Durch eine erhöhte Ist-Nutzungsdauer von siebeneinhalb Stunden in der Woche und eine dadurch erhöhte Anzahl der Ist-Sportlerstunden insgesamt, wird die Auslastung der Sportanlage optimiert. Auch die zuvor mehrfach überschrittene Soll-Belegungsdichte wird nun nicht mehr überschritten.

3.4 Nachhaltigkeit von Sportstätten

Der Begriff Nachhaltigkeit lässt sich anhand des „Drei-Säulen-Modell der Nachhaltigkeit" von Hauff und Kleine in drei Grundbausteine, die Ökonomie, die Ökologie und in Soziales, unterteilen. Unter dem Begriff Ökonomie verbirgt sich das hohe Innovationspotential, langfristige Unternehmenssicherung, effiziente Bedürfnisbefriedigung sowie eine Erhöhung der Wertschöpfung. Die Säule der Ökologie setzt sich aus der Ressourcenverschonung, der Emissionsreduzierung, dem Erhalt von Ökosystemen und der Minimierung von Risiken zusammen. Unter Nachhaltigkeit im sozialen Bereich sind Kooperationen, ein Solidarsystem sowie die Gleichberechtigung zu verstehen. (Kleine & Hauff, 2009)

Im Hinblick auf die Nachhaltigkeit von Großsportveranstaltungen wird auf die Punkte Ökonomie, Ökologie und Soziales nach wie folgt eingegangen. Die Ökonomie verfolgt die Folgekosten, die Wertschöpfung, sowie die Nachnutzung und Beschäftigungseffekte bei Großsportveranstaltungen. Die Ökologie bezieht sich auf die Ressourceneffizienz, insbesondere in Bezug auf Trinkwasser, Energie, Abfall und Mobilität. Im Punkt Soziales

11

wird die Verbesserung der Infrastruktur, Identität und Beteiligung und Stadt- und Regionalentwicklung betrachtet. (Krämer, 2016)

Auf die Nachhaltigkeit bei Sportgroßveranstaltungen, insbesondere bei olympischen Spielen, wird im Folgenden genauer eingegangen. Im Fokus stehen hierbei die Olympischen Spiele in London 2012.

Obwohl die Nachhaltigkeit bei den Olympischen Spielen in den letzten Jahren immer mehr an Stellenwert findet, ist grundsätzlich zu sagen, dass jede Großveranstaltung seine Spuren hinterlässt. 1992 etablierte sich neben den Säulen Kultur und Sport auch die Umweltpolitik als dritte Säule in der Satzung des Olympischen Komitees. Seitdem werden die Pläne der Bewerber immer strenger auf die ökologische Ausrichtung geprüft. (Deutscher Bundestag, 2014)
Seit den Olympischen Spielen in Lillehammer 1994, ist jeder Austragungsort dazu verpflichtet, von Beginn der Planungsphase bis nach den Olympischen Spielen nachhaltig zu erwirtschaften.

Betrachtet man die oben genannte These, musss differenziert vorgegangen werden. Während es viele Befürworter für solche Großveranstaltungen gibt, sprechen jedoch viele Argumente gegen eine Großveranstaltung mit solchem Ausmaß.

Allgemein bringen Großveranstaltungen wie die Olympischen Spiele viele Risiken und Kosten mit sich. Die Kosten für eine solche Veranstaltung belaufen sich meistens auf eine mehrfache Milliardenhöhe, die den Austragungsort stark belasten können. Auch werden die Olympischen Spiele von Jahr zu Jahr teurer. Während die Olympischen Spiele in Montreal 1976 sich auf Kosten von rund sechs Milliarden Euro beliefen, setzte London mit rund 13,5 Milliarden Euro an Kosten einen neuen Rekord (Flyvbjerg & Stewart, 2016).

Betrachtet man die Olympischen Spiele in London 2012 genauer, lassen diese auf die bisher nachhaltigsten olympischen Spiele bis 2012 schließen. Bereits bei der Zielsetzung wurde ein hoher Wert auf Nachhaltigkeit gelegt.

Die Spiele in London wurden genutzt, um benachbarte Quartiere rund um den Olympia-park aufzuwerten. Auch die Folgekosten des Olympia Park werden durch sinnvolle Folgenutzungen geringgehalten und nachhaltig genutzt. Beispiele sind das Velodrom, die BMX Bahn und das Schwimmstadion, welche durch den Tribünenabbau verkleinert wurden und jetzt als Sportanlagen genutzt werden. (Deutscher Bundestag, 2014) Nach den olympischen Spielen in London wurden auf dem Gelände des Olympischen Dorfes circa 2800 neue Wohnungen geschaffen (DOSB, 2014). Außerdem wurden die Punkte Verwendung von temporären Strukturen, leichtgewichtigen Veranstaltungsorten, nachhaltigen Materialien und "alterungsbeständigem" Design gut umgesetzt und gelten als Vorreiter für zukünftige Großsportveranstaltungen (BioRegional & WWF, o.J.). Auch den hohen CO2-Ausstoß, der bei bisherigen Großveranstaltungen ausgestoßen wurde, wollten die Veranstalter der Olympischen Spiele in London 2012 vermeiden. Es wurden mehr als 425 Fahrradwege und 150 Fußwege zu den Sportstätten errichtet, um den Verkehr zu entlasten (WWF, 2012).

Obwohl bei den olympischen Spielen in London 2012 der Fokus auf die Nachhaltigkeit gelenkt wurde, konnten nicht alle Pläne in die Tat umgesetzt werden. Vor Allem „die Nichterfüllung der in der Bewerbung festgelegten Ziele für erneuerbare Energien" (Bio-Regional & WWF, o.J.) sind ein Punkt, an dem gearbeitet werden muss. Des Weiteren flossen wie oben bereits zu Beginn genannt, Gelder in Höhe von mehreren Milliardenbeträgen in das Projekt Olympia 2012, bei denen andere gemeinnützige Projekte finanziell zurückgefahren werden mussten. Das Geld hätte in nachhaltigere Projekte fließen können, da die nachhaltigen Ziele von olympischen Spielen meist nur gering sind. Die Erwartungen der Großveranstaltungen sind meist zu hoch angesetzt und können dementsprechend nicht erfüllt werden. (Stettler, 2000)

Trotz dessen werden die olympischen Spiele auch in Zukunft stattfinden. Die olympischen Spiele in London haben gezeigt, dass man Großveranstaltungen durchaus nachhaltig gestalten kann und dies in Zukunft auf dieser Grundlage weiterentwickelt werden kann. Abschließend kann gesagt werden, dass ein Nichtstattfinden der Olympischen Spiele in vielerlei Hinsicht nachhaltiger ist und finanzielle Mittel für notwendigere nachhaltige Projekte eingesetzt werden sollten. Die Nachhaltigkeit sollte in unserem Alltag einen viel höheren Stellenwert bekommen und nicht bei Großveranstaltungen als Anhänger für das Stattfinden genutzt werden.

4 Digitale Vermarktung von Sportanlagen und Sportstätten

Im Folgenden werden vier verschiedene Möglichkeiten, durch die die Digitalisierung in einem Profihandball in der Sportanlage umgesetzt werden könne, aufgezeigt. Im Weiteren wird eine Einschätzung für den Mehrwert der Betreiber, der Fans sowie der Sponsoren vorgenommen.

Tab. 8: Möglichkeiten der digitalen Vermarktung der Sportanlage (eigene Darstellung)

Möglichkeit	Mehrwert Betreiber	Mehrwert Fans	Mehrwert Sponsoren
Mobile App als Spieltagerlebnis	Einbinden durch Sponsoren in die App Mehrreinnahmen durch mehr Sponsorengelder	Austausch über Mobile-App mit anderen Spielzuschauern Wiederholungen können Live angesehen werden	Banner, Werbung und Erwähnungen können in die mobile App geladen werden Tippspiele und Gewinnspiele der Sponsoren können integriert werden
WLAN-Netzwerk	Daten und Nutzungsverhalten der Stadionbesucher kann analysiert und ausgewertet werden Bessere und schnellere Anwendung weiterer Stadion-Apps	Problemloser Austausch von Nachrichten und Bildern Abrufen von Spielstatistiken und Live-Daten Bessere Anwendung von Stadion- und Catering-Apps	Zielgruppen können durch das Daten und Nutzungsverhalten gezielter mit der Werbung angesprochen werden Mehreinnahmen der Sponsoren durch gezielte Werbung
Wearables: Durch die Körperkamera der Spieler kann der Fan das Spiel aus Sicht seines jeweiligen Lieblingsspielers Live betrachten und hautnah dabei sein	Mehreinnahmen durch das Vermieten von VR-Brillen an den Spieltagen Mehreinnahmen durch mehr Online-Zuschauer	Erhöhtes Spieltagerlebnis und mehr Spaß Mehr Informationen für den Fan über seinen Spieler während des Spiels (Puls, Geschwindigkeit, Herzfrequenz) Von zu Hause online hautnah und live dabei sein	Sponsoren können die Brillen ihres Unternehmens zur Verfügung stellen und haben somit neue Werbefläche zur Verfügung
Digital Seating	Neue Möglichkeiten für Werbeflächen auf den Benutzeroberflächen der Tablets Schnellere Abwicklung zu der Zuweisung der Sitzplätze	Service am Spieltag ist erhöht Kürzere Wartezeiten durch digitale Platzanweisung in den VIP-Bereichen	Positiver Imagetransfer des gesponsorten Tablets Sponsoren können eine erhöhte Bindung durch Gesponsertes zum Betreiber aufbauen

14

5 Abbildungs- und Tabellenverzeichnis

5.1 Abbildungsverzeichnis

5.2 Tabellenverzeichnis

6   Literaturverzeichnis

BioRegional & WWF. (o.J.). Towards-a-one-planet-olympics-revisited. How well will the London 2012 Olympic and Paralympic Gameslive up to the sustainability promises made in the bid? Zugriff am 21.05.2020. Verfügbar unter https://www.wwf.de/fileadmin/fm-wwf/Publikationen-PDF/towards-a-one-planet-olympics-revisited.pdf

Bundesinstitut für Sportwissenschaft. (2000). *Leitfaden für die Sportstättenentwicklungsplanung.* Schorndorf: Hofmann.

Bundesministerium des Innern, für Bau und Heimat. (o.J.). *Sportförderung.* Zugriff am 16.05.2020. Verfügbar unter https://www.land.nrw/sites/default/files/asset/document/190920_moderne_sportstaette_programmaufruf_0.pdf

Christen, J. (2004). Public Private Partnership - Rolle und Bedeutung für Sportstätten. In Landessportbund Hessen (Hrsg.), Sportstätten-Management. Neue Wege für vereinseigene und kommunale Sportstätten (Zukunftorientierte Sportstättenent-wicklung, Bd. 6, 1. Aufl., S. 51–56). Frankfurt: Meyer & Meyer.

Deutscher Bundestag. (2008). Fördermaßnahmen des Bundes im Bereich des Sports und der Kultur. Zugriff am 16.05.2020. Verfügbar unter https://www.bundestag.de/resource/blob/413502/4d4f0238944a38ffb9aa1817a14eabf9/WD-10-048-08-pdf-data.pdf

Deutscher Bundestag. (2014). Sportliche Großveranstaltungen als Wirtschaftsfaktor. Zur wirtschaftlichen Bedeutung der Olympischen Sommerspiele 2012. Zugriff am 19.05.2020. Verfügbar unter Zur wirtschaftlichen Bedeutung der Olympischen Sommerspiele 2012

DOSB. (2014). *London 2012 wirkt immer noch nach.* Zugriff am 21.05.2020. Verfügbar unter https://www.wwf.de/fileadmin/fm-wwf/Publikationen-PDF/towards-a-one-planet-olympics-revisited.pdf

Flyvbjerg, B. & Stewart, A. (2016). The Oxford Olympics Study 2016: Cost and Cost Overrun at the Games. *SSRN Electronic Journal.* https://doi.org/10.2139/ssrn.2804554

Hübner, H. & Wulf, O. (2015). Sportstättennachfrage und Sportstättenangebot für den Fußballsport in Münster. Zugriff am 19.05.2020. Verfügbar unter https://www.land.nrw/sites/default/files/asset/document/191014_master_moderne_sportstaette_2022_0.pdf

Kleine, A. & Hauff, M. von. (2009). *Nachhaltige Entwicklung. Grundlagen und Umsetzung.* Verfügbar unter https://www.sportsoziologie.uni-wuppertal.de/fileadmin/sportsoziologie/Muenster/Gesamt_C1.pdf

Krämer, T. (Hrsg.). (2016). Der Nachhaltigkeit einen Rahmen geben [Themenheft]. Stadionweltinside Sports Venues 2016. Brühl.

Staatskanzlei des Landes Nordrhein-Westfalen. (2019). Moderne Sportstätte 2022. Zugriff am 19.05.2020. Verfügbar unter https://www.bundestag.de/resource/blob/410208/65fa321d2ffcb5278cf493c47da4ab0d/wd-10-051-14-pdf-data.pdf

Stettler, J. (2000). *Ökonomischen Auswirkungen von Sportgrossanlässen.* Literaturstudie, Institut für Tourismuswirtschaft Hochschule für Wirtschaft: Luzern.

WWF. (2012). *London 2012 - grüner, sauberer, sanfter?* Zugriff am 21.05.2020. Verfügbar unter https://www.wwf.de/themen-projekte/nachhaltigkeit-der-olympischen-spiele-2012-in-london/